펭귄의 잘못된 계약

펭귄의 잘못된 계약

The Tip of the Iceberg

데이비드 허친스 글·바비 곰버트 그림 | 박영욱 해설

바다어린이

Original publication information **The Tip of the Iceberg** :
IManaging the Hidden Forces That Can Make or Break Your Organization
by David Hutchens; illustrated by Bobby Gombert
Copyright ⓒ 2001 by David Hutchens
Illustrations ⓒ Pegasus Communications, Inc.
Korean translation copyright ⓒ 2008 by BADA Publishing Co.
This Korean edition is published by arrangement with Pegasus Communications, Inc.
All rights reserved. No part of this book may be reproduced or transmitted in any form or by any means, electronic or mechanical, including photocopying and recording, or by any information storage or retrieval system, without written permission from the publisher.

이 책의 한국어판 저작권은 Pegasus Communications, Inc.와의 독점 계약으로 바다출판사에 있습니다.
저작권법에 의해 한국 내에서 보호를 받는 저작물이므로 무단 전재와 무단 복제를 금합니다.

차례

1. 빙산 위의 펭귄들 7
2. 펭귄과 바다코끼리의 협정 17
3. 성공을 망치지 마 25
4. 우연한(?) 사고 39
5. 빙산의 일각 65

〈펭귄의 잘못된 계약〉 철학적으로 읽기 82

1

빙산 위의 펭귄들

이 이야기는
서로 이어져 있는 이해할 수 없는 사건들에 관한 것이에요.

저 멀리 거대하고 험준한
빙산에서 일어난 사건들이죠.

빙산과 충돌한 타이타닉 호 이야기는 아니고요.

펭귄과

대합과

바다코끼리 사이의 복잡한 관계에 관한 이야기예요.

이야기를 시작하기 전에 알아 두어야 할 것이 몇 가지 있어요.

우선, 펭귄은 대합 먹는 걸 아주 좋아해요.
둘째, 대합은 깊은 바다 속 밑바닥에 있어요.

이 이야기에 등장하는 펭귄들은 남극의 빙산 위에 살고 있어요.

작고 영리한 펭귄들은 바다 속 깊은 곳에 대합이 많다는 것을 잘 알고 있었어요. 그들은 맛있는 대합을 배가 터지도록 먹는 꿈을 꾸곤 했어요. 그러나 이 조그만 새들은 폐가 너무나 작아 대합을 따 올 만큼 오래 잠수할 수 없었죠.

바다코끼리들도 대합을 먹어요.

바다코끼리는 크고 튼튼한 폐와 강한 지느러미발 덕택에 바다 깊숙이 잠수해서 대합 층까지 가는 데 아무 문제도 없었어요. 게다가 그들의 엄니는 단단한 조개껍데기를 열기에 안성맞춤이죠.

바다코끼리 한 무리가 펭귄들의 빙산에서
아주 가까운 뭍에 살고 있었어요.
그들은 펭귄들에게 대합이 많은 것을 무척 부러워했어요.

그러나 겸손하고 정직한 바다코끼리는
펭귄의 영역을 존중해 주었어요.

그들은 배가 고팠지만 펭귄의 빙산과 일정한 거리를 유지했어요.
하지만 항상 기회를 엿보고 있었죠.

자, 펭귄과 바다코끼리들의 관계를 다시 한 번 정리해 보도록 하죠.

- 펭귄들에게는 아직 손대지 못한 대합이 많이 있다.
- 바다코끼리들에게는 대합을 따 올 능력이 있다.

이제 이야기가 어떻게 펼쳐질지 예상할 수 있겠죠?
펭귄들도 그럴 수 있다고 생각했어요.
그렇지만 그들의 예상은 빗나갔어요.

2

펭귄과 바다코끼리의 협정

꽤 오래전부터 펭귄과 바다코끼리가 서로 도와야 한다는 의견이 있었지요. 마침내 어느 혹독한 겨울을 나면서 펭귄들은 대책을 세우기로 마음먹었어요.

"이보다는 잘살 수 있을 거야."
스파키가 큰 소리로 투덜거리면서 다른 펭귄들에게 말했어요.
"겨우내 부리에 겨우 풀칠한 정도였잖아. 대합으로 실컷 배를 채울 수 있었는데도 말이야."

다른 펭귄들은 고개를 끄덕였어요.

스파키는 계속해서 이렇게 말했어요.
"바다코끼리들과 만나야 할 때가 된 거야. 어때, 찬성이지?"

펭귄들은 고개를 끄덕였어요.

그리하여 펭귄과 바다코끼리의 협상이 시작되었어요.
양쪽은 쉽게 의견을 모을 수 있었어요.

빙산의 기온이 영하 15도로 치솟은 어느 상쾌한 아침, 펭귄들은 바다코끼리 두 마리를 초청해 조인식을 열었어요. 모두가 보는 앞에서 양쪽 대표가 서로 힘을 모으겠다는 문서에 도장을 찍는 행사였어요.

바다코끼리 군터와 슈바인이 육중한 몸을 이끌고 빙산 위로 올라오는 내내 펭귄들은 열렬한 환호를 보냈어요.

"오늘은 우리 작은 빙산의 역사적인 날입니다."
스파키가 감격 어린 목소리로 선포했어요.

"그렇습니다."
군터가 그르렁거리며 말했어요.
"오늘은 이 땅의 포유류들이 협상을 맺는 뜻 깊은 날입니다."
그러자 몇몇 펭귄들 사이에서는 펭귄이 과연 포유류인가를 놓고
말다툼이 벌어져 약간 웅성거렸어요.

모든 펭귄들이 귀 기울이는 가운데 스파키는 약속한 내용들을 큰 소리로 읽어 내려갔어요.

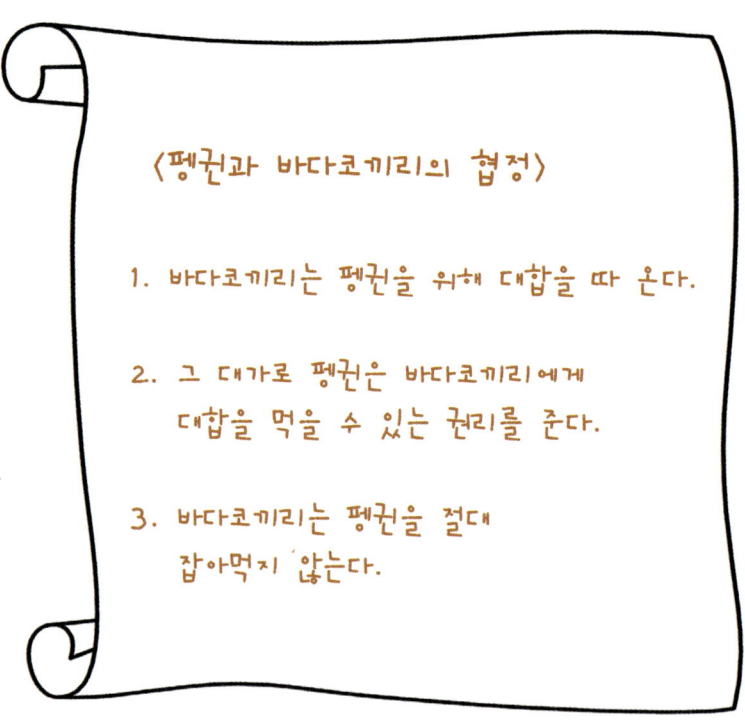

이 마지막 조항에 바다코끼리들이 합의하기란 무척 힘들었어요. 그러나 펭귄 몇 마리가 달려들어 슈바인의 입을 벌리고 그 안에서 떨고 있는 작은 펭귄 한 마리를 꺼내는 사건이 일어난 뒤, 바다코끼리들은 마침내 이 조항에 동의했어요.

펭귄과 바다코끼리들이 빙산의 가장자리에 협정 조인을 기념하는 깃발을 꽂자 모두 우레와 같은 환호를 보냈어요.

잠깐 동안 침묵이 흘렀어요. 그때 누군가 이렇게 말했어요.
"뭘 기다리는 거야? 어서 먹자고!"

그들은 대합을 먹기 시작했어요.

3

성공을
망치지 마

협정은 엄청난 성공작이었어요.

군터와 슈바인을 비롯한 몇 마리의 바다코끼리들이 깊숙한 바다 속으로 들어가 지느러미발에 한가득 대합을 날라 올렸어요. 그리고 엄니로 껍데기를 열어 군침을 삼키고 있는 펭귄들에게 주었어요.

(군터는 그러다가 진주 몇 개를 발견했지만 그 가치를 몰랐기에 슈바인 앞에 던져 버렸어요.)

모두들 대합을 실컷 먹었어요. 마치 협정의 두 번째 조항을 시험이라도 하려는 듯 바다코끼리들은 어리석을 정도로 많이 먹었어요.

곧 펭귄들은 대합찜, 대합탕, 대합빙수 등을 만들었어요. 특히 대합을 믹서기에 갈아서 얼음, 딸기를 약간 넣고 높게 쌓아올린 대합빙수는 아주 맛있답니다.

소문이 빠르게 퍼져나가 다른 빙산에 사는 펭귄들이 몰려들기 시작했어요. 그들은 펭귄과 바다코끼리의 협정이 낳은 훌륭한 먹을거리를 맛보러 온 거죠.

점점 더 많은 펭귄들이 모여들자 스파키는 협정위원회 회의를 열기 위해 펭귄들을 불러 모았어요.(자연 세계에서도 이런 일은 생각보다 자주 일어납니다.)

"모여드는 펭귄들을 모두 먹일 수 있을 만큼 대합은 충분한 거야?"
스파키가 다른 펭귄들에게 물었어요.

"지금 농담하는 거야?"
평소 잘난 척하기 좋아하는 헬싱키가 말했어요.
"이보다 백 배는 더 먹여 살릴 수 있어. 아직도 대합은 풍족해. 우리에게 필요한 건 대합을 건져 올릴 바다코끼리를 몇 마리 더 데려오는 거야."

"그래, 좋아."
스파키가 동의했어요.
"그런데 우리 빙산에 몰려드는 펭귄들이 살 공간은 충분한 거야?"

셈을 좋아하는 주노가 얼른 얼음 위에 계산을 했어요.
"내가 계산한 바로는 지금보다 백 배는 더 살 수 있어. 그러고도 공간은 남아."

펭귄들은 만장일치로 바다코끼리들을 더 불러 더 많은 대합을 따게 하기로 했어요.

그래서 바다코끼리들이 더 왔어요.

그들은 더 많은 대합을 건져 올렸어요.

더 많은 펭귄들이 모여들었어요.

그러자 바다코끼리들이 더 많이 왔어요.

그들은 더 많은 대합을 건져 올렸어요.

그리고 더 많은 펭귄들이 몰려들었어요.

계속해서 더 많은 바다코끼리들이 왔고…….

이제는 짐작하시겠죠?

스파키, 주노, 헬싱키는 빙산 꼭대기에서 상황을 지켜보았어요.
"멋진걸."
스파키가 만족스러운 듯 미소를 지었어요.
"모든 게 잘되고 있어. 지금까진 우리 빙산이 잘 굴러가고 있어."

"그래, 나는 이게 모두 대합 덕분이라고 생각해."
헬싱키가 말했어요.

"맞아. 대합이 있었기 때문이야."
주노가 맞장구를 쳤어요.

"그래, 그리고 바다코끼리들이 있어 대합을 먹을 수 있었지."
스파키가 덧붙였어요.
"모든 건 연결되어 있어."

주노가 스파키가 이야기한 대로 재빨리 얼음 위에 그림을 새기고는 말했어요.

"재미있는걸. 이렇게 그림을 그릴 수 있겠어."

"우리가 바다코끼리를 더 많이 불러서 일을 시키면, 더 많은 대합을 얻을 수 있어. 그러면 더 많은 펭귄들이 몰려들고."

헬싱키와 스파키가 관심을 보였어요. 먼저 스파키가 말했어요.
"그래. 그렇지만 잊지 말아야 할 건, 우리가 더 많은 바다코끼리를 부리면 이 고리가 다시 반복된다는 사실이야."

"좋은 지적이야."
주노가 맞장구를 치더니 그림을 이렇게 고쳤어요.

모두들 이 흥미로운 고리에 대해 곰곰이 생각했어요.
'좋은 것은 더 많은 좋은 것을 낳고 또 그것은 더 많은 좋은 것을 낳는다. 그리고 이 모든 것은 점점 더 커진다.'

그러나 스파키는 마음이 편치 않았어요.
"이게 얼마나 더 커질 수 있을까?"
그는 물갈퀴가 달린 발로 왔다 갔다 하면서 물었어요.
"언젠가는 이 모든 것이 멈추지 않을까? 언젠가는 대합도 바닥이 날 거야."

"언젠가는."
헬싱키가 말했어요.
"그렇지만 앞으로 아주 오랫동안 그런 일은 일어나지 않아. 이미 말했듯이 우리는 오래오래 먹을 수 있을 만큼 대합이 많아."

"그리고 공간도 넓어."
주노가 말했어요.

"성공을 망치지 마."
헬싱키가 결론을 내렸어요.

"맞아."
주노가 잽싸게 끼어들며 동조했어요.
"성공을 망치지 마."

둘은 이 짧은 표어를 몇 번 되풀이한 뒤, 걱정하기를 그만두었어요.

그러나 스파키는 여전히 무언가기 마음에 설렜어요. 하지만 그것이 무엇인지를 알 수 없었어요.

4

우연한(?) 사고

빙산의 펭귄과 바다코끼리들이 모두 행복해하며 근사한 만찬을 즐겼다는 소문은 멀리멀리 퍼져 나갔어요.

펭귄들이 더 많이 왔어요.

바다코끼리들도 더 많이 왔어요.

대합이 더욱 많아졌지요.

그러자 더 많은 펭귄들이 왔고

바다코끼리들도 더 많이 왔고

더 많은 대합이 생겼어요.

그러자 펭귄들이 점점 더 많이 왔고…….

어때요, 이제는 정말 짐작하시겠죠?

어느 날, 바다코끼리 한 마리가 펭귄을 깔고 앉는 사건이 일어났어요.

그러나 깔린 펭귄 말고는
누구도 이 사건을 심각하게 생각하지 않았어요.

결국 이 빙산은 근처에 사는 펭귄과 바다코끼리들에게 유명한 장소가 되었어요. 빙산 위에는 대합 상점과 다른 여러 상점들, 슈바인의 꽃 가게 등이 들어섰어요. 그리고 배불리 먹어서 행복한 동물들로 가득 찼어요.

그곳은 정말 천국 같았어요. (무시무시한 영하의 기온과 바다코끼리와 펭귄에게서 나는 고약한 냄새를 맡는다면 결코 천국이라고 할 수는 없을 테지만요. 그래도 여러분은 이 빙산이 정말 좋은 곳이라고 생각하셔야 해요.)

그러나 시간이 지날수록 펭귄들이 납작해진 채 발견되는 일들이 많아지기 시작했어요.

"이봐, 위니페그."
어느 날, 스파키가 지나가는 영리한 펭귄을 불렀어요.
"저기 있는 저 펭귄들에게 무슨 일이 일어난 거지?"

"아, 그거."
위니페그가 말했어요.
"바다코끼리들이 깔고 앉았대."

"애?"
스파키가 물었어요.

"흠, 나도 몰라. 그 펭귄이 운 나쁘게도 그때 거기 있었기 때문이겠지. 그런 일은 우연히 일어나는 거잖아."

"그렇다면 이대로 있을 수는 없지."
스파키가 말했어요.
"경고문을 붙여 놔야겠다. '앞으로 모든 바다코끼리들은 앉을 때 뒤를 조심하시오!' 라고. 어때?"

위니페그가 그 일을 맡았어요.

그러나 사태는 더 나빠져만 갔어요.

점점 더 많은 펭귄과 바다코끼리들이 빙산에 모여들수록 펭귄이 깔리는 사고가 늘어났어요. 스파키는 이것이 정말로 우연히 일어나는 일인지 의심하기 시작했어요.

곧, 바다코끼리와 펭귄들 사이에 자리다툼이 벌어졌어요.

심지어 바다코끼리가 펭귄을 노려보다가 군침을 흘리며 입맛을 다시는 소리를 냈다는 소문도 돌았어요.

펭귄들은 모두들 주의하라는 경고문을 계속 내보냈어요.

스파키도 바다코끼리에게 깔릴 뻔한 위험한 순간이 있었어요. 바다코끼리의 출렁대는 거대한 살덩이 속에 몸의 한 부분이 깔린 것이었죠.

헬싱키와 주노가 뚱뚱한 바다코끼리의 살을 헤치고 조심스럽게 스파키를 꺼내 주자 그가 툴툴거리며 말했어요.
"왜 이런 일이 일어나는 걸까? 이 빙산에 모두가 지낼 만큼 공간이 충분하다는 거 확실해?"

"확실해."
주노가 강하게 말했어요.
"전에도 말했듯이 지금보다 몇 배로 불어나도 충분히 살 수 있어. 계산을 했다고. 숫자는 거짓말을 하지 않아."

"들어 봐."
헬싱키가 스파키를 진정시키며 말했어요.
"난 이 문제가 펭귄과 바다코끼리의 수와는 상관없다고 생각해. 이건 서로 예의와 질서를 지키면 해결될 문제야. 모두가 이 점을 깨달을 필요가 있다고. 내가 어떻게든 해 볼게. 어때?"

그래서 헬싱키는 많은 돈을 주고 한스라는 상담가를 데려왔어요.
그러고는 모든 펭귄과 바다코끼리들을 모아 놓고 감수성을 키우는
훈련을 시작했어요.

그러나 싸움은 더해만 갔어요.

빙산에서 싸움이 일어났다는 소문이 퍼지자 펭귄과 바다코끼리의 발길이 뚝 끊겼어요.

오랫동안 빙산에서 살던 동물들마저 짐을 싸서 떠나려 했어요.

뜻밖의 분위기에 실망한 슈바인은 꽃 가게를 닫고 빙산에서의 행복했던 때를 뒤로 한 채 물에 뛰어들고 말았어요.

상담가 한스도 빙산에서 물로 뛰어들다가 빙산 모서리에 부딪혀 머리를 다쳤어요. 한스는 머리가 낫자 평화를 사랑하는 나무심기 공동체에 들어갔고, 이름을 '윈'로 바꾸었어요.

펭귄들은 울퉁불퉁한 빙산 꼭대기에서 서둘러 회의를 열었어요.

"정말 이해가 안 돼."
위니페그가 말했어요.
"우리는 전에 하던 대로 똑같이 하고 있는데, 이제는 모든 게 잘못되고 있어."

"우리는 대단히 빨리 성장했어."
주노가 바닥에 또 다른 그림을 끼적거리면서 말했어요.
"그리고 점점 속도가 느려지더니 이제는 거의 성장하지 않아."

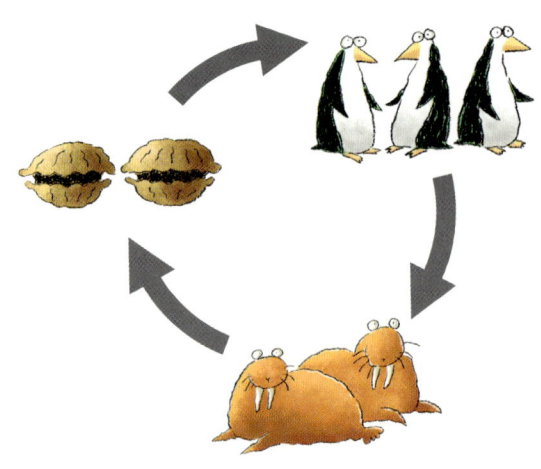

헬싱키가 바닥의 그림을 한동안 쳐다보더니 이렇게 말했어요.
"내 생각에는 우리가 그린 이 그림에 뭔가 빠진 게 있는 것 같아."

"그게 뭔데?"
다른 펭귄들이 물었어요.

"나도 몰라."
헬싱키가 말했어요.
"하지만 어떤 다른 고리 같은 것 말이야. 우리가 보지 못하는……."

"헬싱키 말이 옳아."
스파키가 말했어요.
"뭔가 다른 것이 작용하고 있어. 마치 이 빙산처럼 말이야. 물 위에 떠 있는 빙산의 일부는 볼 수 있지. 여기서 일어나는 일이라면 뭐든 볼 수 있어. 그렇지만 빙산의 더 큰 부분은 볼 수 없어. 그것은 물속에 잠겨 있지. 아마도 우리가 보지 못하는 바로 그 부분이 모든 것을 망쳐 놓은 원인일 거야."

모두 침묵에 빠졌어요. 윙윙거리는 차가운 남극의 바람 소리 사이로
바다코끼리에게 깔린 펭귄의 비명 소리만이 멀리서 들려왔어요.

"이 상황이 좋아질 수 있느냐 없느냐는 딱 한 가지에 달렸어. 그건 바로 우리가 보지 못하는 것이 무엇인지를 알아내는 거야."
헬싱키가 결론을 내렸습니다.

"말도 안 돼."
위니페그가 말했어요.
"보이지 않는 걸 어떻게 본단 말이야."

"나도 모르겠어."
헬싱키는 솔직히 인정했어요.

"각자 이 문제를 생각해 볼 시간을 갖자."
스파키가 제안했어요.

펭귄들은 각자 흩어져서 생각에 빠져 들었어요.

위니페그는 생각했어요.
'펭귄과 바다코끼리 모두 텃세를
부리는 동물이야. 그러니까 서로 싸우는
것은 당연해. 하지만 왜 이제야 갑자기
싸움이 벌어지기 시작한 걸까?'

헬싱키도 곰곰이 생각했어요.
'우리가 대합을 너무 많이 먹어서
그런 건 아닐까? 조개류 말고 단백질이 풍부한
식품으로 먹이를 바꾸면 분위기가
좋아질지도 몰라…….'

주노는 이렇게 생각했어요.
'이 빙산은 굉장히 커. 아주 넓어서 전혀 싸울 이유가 없다고. 왜 모두들 좀 더 널찍하게 지내지 못하는 거지?'

한편 스파키도 빙산의 가장자리를 서성이면서 계속 그를 괴롭히는 문제에 대해 생각했어요.

'우리가 일을 이렇게 만든 걸까?'

스파키는 작은 얼음 덩어리를 잔잔한 바다에 던져 물이 튀는 것을 바라보았어요. 물결이 동심원 모양으로 점점 더 넓게 퍼지다가 사라져 갔어요. 오랜 시간이 흐른 뒤에 비로소 물은 다시 잠잠해졌어요.

스파키는 생각했어요.
'아마 우리가 어떤 것을 하면 그것이 다른 많은 것을 만들어 내는 건지도 몰라. 물결이 퍼지는 것처럼.'

'아마 모든 건 연관돼 있을 거야. 그 관계를 알 수만 있다면 우리가 무언가를 할 때 일어날 일들을 미리 알 수 있을 텐데……'

곰곰이 생각에 잠겨 있던 스파키의 눈에 깃발이 보였어요.
펭귄과 바다코끼리의 역사적 협정을 기념하는 날 꽂은 깃발이지요.

스파키는 한참 동안 깃발을 바라보았어요. 뭔가 이상해 보였지요.
하지만 그게 무엇일까요?

스파키는 오랫동안 깃발을 뚫어지게 쳐다보았어요.

그러다가 마침내

"아하!" 하고 크게 외쳤어요.
그러고는 정신없이 다른 펭귄들을 찾아 뒤뚱거리며 달려갔어요.

5

빙산의 일각

"모두들 이리 와 봐!"
스파키가 부르자 주노, 위니페그, 헬싱키 모두 미끄러지고 서로 부딪히는 등 난리를 치며 달려왔어요.

"이것 봐!"
스파키가 깃대를 가리켰어요.
"깃발이 뭔가 달라진 것 같지 않아?"

모두들 멍하니 깃발을 바라보았답니다.

"깃대 끝이 물에 잠겼잖아."
스파키가 큰 소리로 말했어요.

"난 뭐가 이상한지 모르겠는데……."
위니페그가 말했어요.
"밀물 때문에 바닷물이 불어난 걸까?"

"바보 같은 소리!"
헬싱키가 말했어요.
"빙산이 가라앉고 있는 거야!"

"맞아."
주노가 맞장구쳤어요.
"그런데 왜 가라앉지?"
그는 잠시 생각했어요.
"다른 곳에서 온 펭귄과 바다코끼리의 무게 때문일까?"

"바로 그거야."
스파키가 소리쳤어요.
"이제야 왜 모두가 그렇게 싸우게 됐는지 알겠어. 예전보다 공간이 줄어든 거야. 빙산이 가라앉아서 공간이 좁아진 거라고!"

펭귄들은 이 새로운 사실에 모두 흥분해서 뒤뚱뒤뚱 뛰어다니며 소리를 질러 댔어요.

주노는 서둘러 얼음 위에 새로운 그림을 그렸어요. 새 그림은 원래의 것과 비슷해 보였지만 한 가지 그림이 더 있었어요.

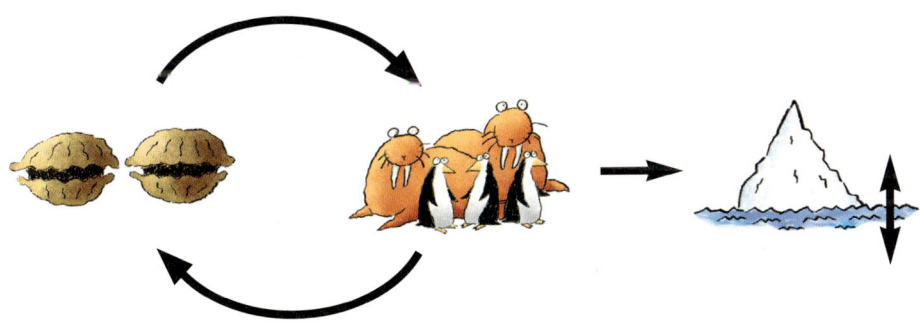

주노는 설명했어요.
"바다코끼리가 대합을 많이 건져 올리니까 많은 펭귄들과 바다코끼리들이 여기 오고 싶어 했어. 그래서 더 많은 펭귄과 바다코끼리가 몰려들자 빙산은 가라앉기 시작한 거야."

스파키가 말을 이었어요.

"그래, 그렇지만 잊지 않아야 할 건 빙산이 가라앉기 시작하면서 우리 모두 싸우기 시작했다는 거야. 그래서 더 이상 동물들이 오고 싶어 하지 않게 되었지. 그러니까 그림은 이렇게 돼야 할 거야."

스파키가 그림을 고쳤어요.

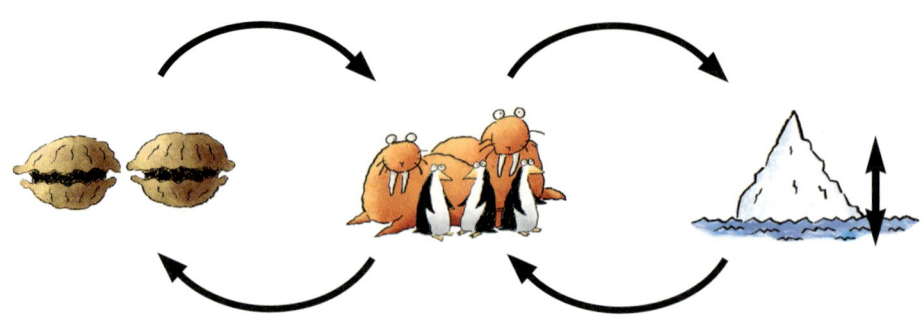

헬싱키는 이 단순해 보이는 그림을 보면서 열심히 생각했어요.
"이 빙산에 살 수 있는 펭귄과 바다코끼리들의 수에는 한계가 있을 거야."

"마치 빙산은 우리에게 그 점을 알려 주려 한 것 같아."
위니페그가 곰곰이 생각하며 말했어요.
"우리는 그 소리에 귀 기울이지 않았지만."

"사실, 우리가 계속 더 많은 바다코끼리들을 불러들여서 사태가 더 나빠진 거야."
주노가 말했어요.
"그래서 이렇게 잘못된 거야."

스파키는 빙산에 대한 위니페그의 이야기를 계속 생각했어요.
'빙산이 우리에게 그것을 알려 주려 했다……'

물론, 빙산은 말을 하지 않아요. 그러나 스파키가 그렇게 생각하자
마치 주위의 모든 것들이 이렇게 말하는 것 같았어요.
"속도를 줄여."

"모든 건 서로 연결되어 있어."
스파키가 나지막이 중얼거렸어요.

"자, 이제 우리는 모든 걸 알아냈어."
위니페그가 말했어요.
"이제 어떻게 해야 하지?"

스파키는 골똘히 생각했어요.
"먼저 우리가 무엇을 원하는지를 생각해 보자. 그래야 그것을 위해 우리가 무엇을 해야 할지 정할 수 있을 테니까."

헬싱키가 덧붙였어요.
"그리고 우리 주변에서 일어나는 일들을 잘 지켜볼 필요가 있어. 빙산에 귀를 기울이자. 모든 것들이 어떻게 서로 연결되는지 생각해 보는 거야."

주노가 흥분해서 대답했어요.
"그래. 그리고 어떤 새로운 일을 시작하기 전에 예상되는 다른 결과들을 요모조모로 생각해 봐야 해. 또 다른 문제가 생기면 안 되니까!"

물론입니다. 이제는 모든 것이 분명해 보였어요.

그들은 서로 이야기를 나눈 끝에 모두가 원하는 것이 무엇인지 의견을 모았어요. 그것은 바로 '맛있는 대합을 많이 따서 남극에 사는 모든 동물들이 배불리 먹을 수 있도록 하는 것'이었어요.

그들은 먼저 빙산이 가라앉는 것을 막기 위해서 바다코끼리와 펭귄들을 다른 곳으로 보내기로 했어요. 그리고 또 다른 좋은 생각을 짜내기 시작했어요. 거기서 나온 생각은 '대합을 다른 빙산들로 실어 나르는 방법'이라든지 '물 주변에 새로운 대합 양식장 세우기' 등과 같은 것이 있었어요.

영리한 펭귄들은 이런 방법들을 썼을 때 일어날 수 있는 문제들을 미리 적어 보고 그 해결 방법까지 마련했어요.

그리고 나서 그들은 다른 동물들 앞에서 그 내용을 발표했어요.
그들은 또 머리를 맞대고 이야기한 뒤 가장 좋다고 생각되는 방법을 뽑았어요.

그것은 빙산과 달리 절대로 가라앉지 않는 '뭍 근처에 새로운 대합 양식장 만들기'였어요.

그리고 세계 각지의 펭귄들이 대합을 주문할 수 있는 인터넷 쇼핑몰도 만들었어요. 몇 달 후 '대합닷컴(Klamz.com)'이라는 사이트가 문을 열었어요.

이 모두가 펭귄과 바다코끼리들에게 새로운 세상이 왔음을 알리는 신호였답니다.

몇 달 후 스파키는 다시 빙산 꼭대기에 올랐어요. 그곳은 세상을 바라보는 새로운 방식을 생각해 내기 딱 좋은 장소였어요.

그는 생각했어요.
'그때 우리는 정말 지혜롭게 대처했어. 만일 그대로 두었더라면 어떻게 됐을까? 너무 늦어 버려 이 빙산을 구하지 못했을지도 몰라.'

스파키는 주변에서 바쁘게 뛰어다니는 펭귄과 바다코끼리들을 바라보며 생각했어요.

'분명히 우리가 보지 못하는 또 다른 관계가 있을 거야. 셀 수도 없이 많은 관계가…….'

'우리의 새로운 생각과 행동이 빙산에 어떤 영향을 미칠까?'

'우리가 지금 실행에 옮기고 있는 계획들이 또 어떤 생각지도 못했던 결과를 낳을까?'

스파키는 곧 알게 될 거예요.

끝

《펭귄의 잘못된 계약》 철학적으로 읽기

철학 박사 박영욱

★ 과연 '펭귄의 잘못된 계약'의 핵심 주제는 무엇일까요?

1) 뭉쳐야 산다

너무나도 유명한 이야기가 있어요. 옛날에 아들 넷을 둔 어느 아버지가 몸이 아파서 곧 죽을 지경에 이르렀지요. 그런데 아버지는 마음 편하게 눈을 감을 수 없었어요. 자식들이 서로 싸우기만 하고 우애가 없어서 큰 걱정이었기 때문이에요. 그나마 지금까지는 서로 싸우면 아버지가 형제들을 불러다가 엄격하게 다스렸기 때문에 큰 문제는 없었어요. 하지만 아버지가 돌아가신 후에는 어떤 일이 벌어질지 불 보듯 뻔했어요. 아버지는 걱정 끝에 한 가지 묘안을 생각해 냈어요.

어느 날, 아버지는 형제를 모두 안방으로 불러 모으더니 막내에게 말했어요.
"막내야, 건넛방에 가서 회초리 묶음을 가지고 오너라."
아버지의 말에 형제들은 영문을 몰라 고개를 갸우뚱했어요.
막내가 회초리가 수북하게 든 통을 가지고 오자, 아버지가 또 이상한 말을 했어요.
"자, 막내야. 회초리 하나를 꺼내서 부러뜨려 보아라."
막내는 아주 쉽게 회초리를 부러뜨렸어요.

"이제 셋째야. 너는 회초리 두 개를 집어서 부러뜨려 보아라."

셋째가 세게 힘을 주자 회초리가 갈라지면서 부러졌어요. 아버지는 계속해서 둘째에게 회초리 세 개를 부러뜨리라고 시켰어요. 둘째는 젖 먹던 힘까지 짜내서 간신히 회초리를 부러뜨릴 수 있었어요. 마지막으로 힘이 제일 센 첫째 아들에게는 네 개를 한꺼번에 부러뜨리라고 시켰어요. 하지만 첫째가 아무리 힘을 줘도 회초리는 부러지지 않았어요. 다른 아들들도 모두 한 번씩 시도해 보았지만 회초리는 꿈쩍도 하지 않았어요.

그제야 형제들은 아버지의 이상한 주문에 담긴 깊은 뜻을 깨달았어요. 자신들이 혼자일 때는 미약하고 보잘것없지만 여럿이 모이면 큰 힘을 낸다는 사실이었지요.

이 책 속의 이야기에서도 바로 그런 교훈을 얻을 수 있답니다. 펭귄과 바다코끼리는 서로 떨어져 각자 살아갈 때는 무기력했어요. 하지만 펭귄과 바다코끼리가 협정을 맺고 서로 협동하자 많은 대합을 배불리 먹을 수가 있었어요. 이렇게 여럿이 협동할 때 큰 힘이 발휘됨을 이 이야기는 가르쳐 주고 있어요.

그런데 협동심이 우리가 지녀야 할 중요한 덕목이지만 과연 '펭귄의 잘못된 계약'의 핵심적인 주제라고 볼 수 있을까요? 이 이야기에서 심각한 문제는 펭귄과 바다코끼리가 서로 뭉치기 전에 생긴 것이 아니라 오히려 서로 협정을 맺은 후부터 생겼으니까요.

2) 계약과 약속은 신뢰가 바탕

펭귄들이 지혜를 짜내서 바다코끼리와 협정을 맺었어요. 그 뒤 모든 일이 순조롭게 진행되는 듯했지요. 오랫동안 잠수를 할 수 있는 바다코끼리들은 바다 속으로 들어가서 대합을 구해 왔어요. 비로소 펭귄들과 바다코끼리들은 대합을 배불리 먹게 되었어요. 심지어 대합찜, 대합탕, 대합빙수까지 만들어 먹었어요.

이제 그곳은 풍부한 먹을거리로 가득 차 다른 곳에 사는 펭귄들까지 소문을 듣고 몰려들었어요. 펭귄들이 많아져서 혹시나 대합이 부족해지면 어쩌나 불안한 생각이 들 수도 있겠지만, 천만의 말씀이에요. 대합은 바다 속에 얼마든지 있으니까요.

하지만 이렇게 평화로운 빙산에서 뜻하지 않은 문제가 발생하게 되지요. 가끔씩 펭귄들이 바다코끼리에게 납작하게 깔려 버리는 사건이 발생했어요. 분명 펭귄들과 바다코끼리들은 계약을 맺기 전보다 훨씬 더 좋은 상황을 맞이했어요. 이렇게 좋은 상황을 만든 것은 바로 이들이 맺은 계약 덕택이지요. 하지만 이 계약 때문에 펭귄들이 바다코끼리에게 깔려 죽는 일이 생긴 거예요.

이들이 맺은 협정에는 바다코끼리가 절대로 펭귄을 해치거나 잡아먹어서는 안 된다고 명시돼 있어요. 그런데 펭귄이 바다코끼리에게 깔려 죽는 사건이 빈번하게 발생하는 것은 분명 계약 위반이 아닐까요?

계약은 두 당사자들 사이에 신뢰를 바탕으로 이루어져야 해요. 그런데 자꾸 이런 일이 생기는 것은 바다코끼리가 협정을 위반한 것과 같지요. 어떤 경우에도 계약은 신뢰를 바탕으로 이루어져야 하고, 신뢰가 없으면 그 계약은 하나마나 할 거예요. 여러분들이 친구들이나 부모님, 선생님과 하는 약속도 계약과 마찬가지로 신뢰가 중요하기 때문에 약속한 것은 꼭 지켜야 한답니다. 만약 약속을 자꾸 어기면 신뢰가 깨져서 아무도 여러분과 약속하려고 하지 않을 테니까요.

그런데 엄밀히 따져 보면 바다코끼리들이 일부러 계약을 어기고 펭귄들의 생명을 위협한 적은 없어요. 불쌍한 펭귄들이 바다코끼리들에게 깔려 죽는 일이 생기는 것은 바다코끼리들이 계약을 어긴 결과가 아닌 듯해요. 그렇다면 계약은 반드시 지켜야 한다는 것이 이 이야기의 주제는 당연히 아니겠군요.

이제 문제의 원인을 다른 곳에서 찾아봐야 할 것 같아요. 이 이야기를 읽고 문제의 원인을 찾아냈다면 여러분들은 이미 이 책의 핵심 주제를 파악한 거예요.

3) 모든 것은 연결되어 있다

셈을 좋아하는 펭귄 주노는 혹시나 빙산이 작아서 펭귄들이 바다코끼리에게 깔려 죽는 것이 아닌지 계산해 보았어요. 주노가 정확히 계산해 본 결과, 빙산의 크기는 지금보다 백 배나 많은 펭귄과 바다코끼리를 수용할 수 있을 만큼 넉넉했어요. 대합도 엄청나게 많으니까 바다코끼리들이 굳이 펭귄을 잡아먹을 이유도 없었지요. 그런데도 왜 자꾸만 펭귄이 희생되고 급기야는 하나 둘씩 빙산을 떠나는 것일까요?

정확한 원인을 찾으려면 각 사건들이 어떻게 연결되어 있는지 곰곰이 생각해 봐야 해요. 그럼, 다시 맨 처음으로 이야기를 거슬러 올라가 볼까요?

처음에 대합을 충분히 먹을 수 없었던 펭귄들은 대책을 내놓았어요. 그것은 바로 바다 속 깊이 잠수해서 대합을 따 올 수 있는 바다코끼리와 협정을 맺는 것이지요. 바다코끼리가 많은 대합을 따 오면 먹을거리가 풍족해져서 펭귄들이 불어나요. 그리고 불어난 펭귄의 수만큼 더 많은 대합이 필요하므로 이와 더불어 바다코끼리의 숫자도 늘어나요.

바다코끼리가 늘어날수록 대합도 많아지고 당연히 펭귄들도 늘어나게 돼요. 그리고 펭귄들이 늘어남에 따라서 또다시 바다코끼리의 숫자도 늘겠죠. 이 과정은 끝없이 반복된답니다. 물론 대합의 양이 부족하거나 빙산의 크기가 작다면 문제가 생기겠지만 그럴 일은 없었어요.

아무런 문제가 생길 이유가 없어 보였지요. 그런데 도대체 왜 문제가 생기는 것일까요? 바로 생각지도 못한 곳에 문제의 원인이 있었던 거예요. 펭귄이 더 많은 바다코끼리를 데리고 오면 더 많은 대합이 생기고, 더 많은 대합이 생기면 더 많은 펭귄이 모여들어요. 그러면 다시 바다코끼리를 더 많이 데려오겠죠. 또 바다코끼리가 더 많이 대합을 따 오면 더 많은 펭귄이 모여들겠죠. 대합도 풍부하고 빙산도 충분히 넓으니 이 과정은 완벽해 보여요. 마치 잘 만들어진 시계처럼 아무 문제없이 착착 잘 돌아갈 것처럼 보인답니다.

하지만 이 완벽해 보이는 과정 중에 펭귄들이 미처 발견하지 못한 한 가지가 있어요. 무거워진 빙산이 조금씩 가라앉고 있었던 거예요. 영리한 펭귄 스파키가 유심히 살펴보다가 그 사실을 발견했지요. 여러분들도 잘 알다시피 빙산은 바다 위에 떠 있는 얼음 덩어리예요. 물에 떠 있는 널빤지에 무거운 물건을 실으면 조금씩 가라앉듯이, 펭귄과 바다코끼리의 숫자가 늘어날수록 빙산은 조금씩 가라앉고 있었던 거예요. 그러니 물위에 떠 있는 빙산의 표면은 주노가 처음에 계산한 크기보다 줄어들 수밖에 없었던 것이죠.

펭귄들은 더 많은 바다코끼리를 불러올 때 이런 일이 생길 수 있음을 미처 생각하지 못했던 거예요. 펭귄들의 머릿속에 그려진 과정 중에 빙산의 무게와 크기의 관계는 빠져 있었던 것이죠. 펭귄들은 빙산의 크기 자체는 펭귄과 바다코끼리의 증가와 전혀 상관이 없다고 생각했던 거예요. 하지만 실제로는 빙산의 크기는 펭귄과 바다코끼리의 증가와 관련이 있었답니다. 이렇게 얼핏 아무런 상관이 없어 보이는 일들도 사실은 밀접한 관련을 맺고 있다는 것이 바로 이 책의 핵심 주제예요.

★ 전쟁과 금값의 보이지 않는 관계

오늘날 세계적으로 봤을 때 가장 큰 골칫거리를 안고 있는 지역은 중동이랍니다. 이곳은 21세기에 들어서서 이미 몇 번이나 전쟁이 일어났던 지역이기도 해요. 겉보기에는 전통적인 이슬람교와 서구 기독교 간의 종교적인 갈등이 전쟁의 원인처럼 보여요. 하지만 더 근본적인 이유가 있어요.

중동 지역은 오늘날 우리 생활의 가장 중요한 연료인 석유가 엄청나게 많이 매장된 곳이지요. 그러다 보니 석유를 통해서 국제무대에서 발언권을 높이려는 일부 중동 국가들과 안정된 석유 공급을 원하는 서구 국가들 사이에 갈등이 생길 수밖에 없어요. 그런데 이상한 것은 중동에서 전쟁이 발생할 경우 세계의 금값이 오른다는 점이에요.

도대체 지구 저편에서 전쟁이 발생하는데 아무런 상관도 없어 보이는 금값이 왜 오를까요? 여러분들은 금값과 전쟁이 서로 관련이 있다고 생각하나요? 물론 답은 '상관이 있다!' 입니다. 상식적으로 생각하면 금값과 전쟁은 아무런 상관도 없어 보여요. 하지만 전쟁과 금값 사이에 우리가 생각하지 못했던 관계들이 있어요.

만약 중동에서 큰 전쟁이 발생하면 전쟁 기간 동안 석유 생산이 원활하지 못하지요. 그래서 석유 가격이 엄청나게 높아질 수밖에 없겠죠. 설혹 석유가 정상적으로 생산되더라도 전쟁 때문에 유조선이 중동 지역을 원활하게 넘나들 수 없을 거예요. 또한 수송 비용이 워낙 높아져서 석유 가격은 오를 수밖에 없을 테죠.

석유 가격이 오르면 어떻게 될까요? 당연히 자동차에 넣는 연료 가격이 높아져요. 게다가 전기료도 올라가서 집에서 컴퓨터를 켜는 것조차 부모님의 눈치를 봐야 할 지경이 될지도 몰라요. 우리가 입고 쓰고 먹는 대부분의 제품들 또한 석유나 전기를 이용해서 만드니까 가격이 엄청나게 오를 것은 뻔해요.

한마디로 경제가 상당히 불안한 상태에 이르게 되지요. 이럴 경우 돈의 가치도 떨어져 한 달 전에 천 원이었던 물건이 이 천 원으로 오를 수도 있어요. 그래서 그냥 천 원을 가지고 있으면 손해이기 때문에 무엇인가 가치가 있는 물건을 사게 돼요. 이때 사람들이 주로 찾게 되는 물건이 바로 금이에요. 금은 나중에 원할 때 언제든지 돈으로 바꿀 수 있기 때문이지요. 그래서 경제가 불안해질수록 금값이 오르게 된답니다.

이처럼 겉보기에는 관계가 없어 보이는 일들이 사실은 밀접한 관계가 있음을 깨닫는 것은 상당히 중요해요. 알고 보면 위대한 과학적 발명이나 발견도 서로 상관이 없어 보이는 것들의 관계를 밝히는 데서 이루어졌거든요.

잠시 쉬어 가기

우리가 지금은 당연하다고 여기는 사실들도 처음에는 원인과 이유를 알 수 없는 일들이 많았어요.

가령 밀물과 썰물의 원리를 생각해 볼까요. 서해안이나 남해안 같은 바닷가에 가 본 사람들이라면 잘 알 텐데요. 어느 때는 바닷물이 거의 코앞에 있었는데 수 시간이 지나면 아주 멀리까지 빠져나가는 광경을 본 적이 있을 거예요. 그것은 마치 뭔가 보이지 않는 거대한 힘이 바닷물을 밀고 당기는 것 같지요.

오늘날 사람들은 그 거대한 힘이 바로 지구와 달이 서로 끌어당기는 힘(인력)이라는 것을 알지요. 하지만 옛날에는 왜 그런 일이 생기는지 알 수가 없었어요. 더군다나 밀물과 썰물이 달과 관련이 있다는 것은 상상조차 할 수 없었지요.

그런데 과학자들은 밀물과 썰물이 달과 밀접한 관련이 있다는 사실을 밝혀냈어요. 지구와 달이 일직선상에 놓이면 인력에 의해서 바닷물이 부풀어 올라 밀물이 되며, 반대로 달과 직각 방향에 있는 곳에서는 바닷물이 줄어들어 썰물이 되는 것이지요. 과거에는 달과 바닷물의 관련성을 전혀 상상할 수 없었을 텐데 꾸준히 관찰하고 연구한 결과 사물의 연관성을 발견할 수 있었던 거지요.

세상에는 이렇게 상관없어 보이지만 잘 살펴보면 밀접한 관련이 있는 것들이 무척이나 많답니다.

★ 상관없다? 상관있다!

해왕성은 태양계에서 태양을 기준으로 여덟 번째에 위치한 행성이에요. 해왕성은 일곱 번째 행성인 천왕성과 아홉 번째 행성인 명왕성 사이에 있지만 두 행성보다 나중에 발견되었어요. 현재 과학자들은 명왕성을 행성으로 인정하지 않기로 결정했어요. 하지만 1846년에 망원경으로 해왕성이 발견될 당시 명왕성은 행성으로 인정받았어요.

그런데 해왕성이 발견되기까지 상당한 우여곡절이 있었어요. 과학자들은 해왕성이 발견되기 이전까지 천왕성이 목성과 명왕성 사이에 끼어 있다고 믿었어요. 그런데 이상한 점이 발견되었어요.

태양계의 모든 행성들은 태양을 중심으로 궤도를 그리면서 운동을 하고 있잖아요. 어떤 행성은 원에 가깝게 운동하는가 하면 어떤 행성은 긴 타원형으로 운동해요. 이렇게 궤도가 다른 이유는 바로 옆에 있는 다른 행성들이 행사하는 인력의 영향을 받기 때문이죠. 인력이란 다른 물체를 끌어당기는 힘을 말하는데, 각 행성은 옆에 있는 행성의 인력 때문에 원래 정해진 원운동을 못하게 되지요.

당시 행성들 사이의 인력을 정확하게 계산했던 과학자들은 이상하게도 천왕성의 궤도가 계산했던 궤도와는 무척 다르다는 것을 발견했어요. 혹시 계산이 틀렸는가 싶어 여러 번 반복해 보았지만 결과는 마찬가지였어요. 그래서 대부분의 과학자들은 한 가지 결론을 내렸어요. 뉴턴의 만유인력 법칙이 틀릴 수도 있다는 것이었지요. 분명 정확하게 계산을 했는데도 천왕성의 궤도가 계산과 다르니 믿고 있던 법칙이 틀렸을지도 모른다고 생각한 거지요.

그런데 이러한 생각을 뒤집은 과학자들이 있었어요. 영국의 애덤스와 프랑스의 르 베리에였어요. 그들은 분명 천왕성의 궤도에 영향을 끼치는 다른 행성이 있을 것이라는 가설을 제기했어요. 그런 행성은 존재하지 않는다고 생각했던 많은 과학자들은 그 주장을 무시했어요. 하지만 1846년에 망원경을 통하여 극적으로 해왕성이 발견되었던 거예요.

해왕성 발견과 이 책의 이야기가 무슨 관련이 있냐고요? 과학자 애덤스와 르 베리에는 천왕성의 궤도에 영향을 끼치는 어떤 요소가 있다고 믿었어요. 그리고 그러한 믿음을 통하여 해왕성을 발견했지요. 이 책에서도 주인공 스파키는 펭귄들이 바다코끼리에게 깔려 죽는 사고에는 눈에 보이지 않는 어떤 원인이 있을 것이라고 생각했어요. 그 결과 처음에는 전혀 상관이 없어 보이던 원인을 발견하게 된 거예요. 그러고 보니 바로 해왕성 발견과 스파키의 발견은 뭔가 비슷한 점이 있지요.

★ 눈에 보이는 것은 빙산의 일각일 뿐이다

북극이나 남극 바다에 떠 있는 빙산은 전체 모습이 아니지요. '빙산의 일각' 이라는 말이 있듯이 바다 표면 위에 떠 있는 부분은 무지하게 큰 빙산의 일부분에 지나지 않아요. 뒤집어 말하자면 빙산은 눈에 보이는 부분보다 바다 속에 감춰진 부분이 훨씬 더 크다는 이야기이죠.

사실 빙산은 북극이나 남극을 탐험하는 배들에게는 엄청나게 위험한 존재예요. 빙산에 부딪치면 배에 구멍이 생겨 결국 침몰하게 될 테니까요. 너무나 잘 알려진 타이타닉 호의 비극도 빙산 때문에 생겼어요. 이처럼 빙산이 진짜 무서운 이유는 표면에 거의 드러나지 않은 채 바다 속에 큰 덩어리를 감추고 있기 때문이에요. 그러니 자칫 방심할 경우 배는 거대한 빙산과 충돌할 수도 있어요.

'빙산의 일각'과 같은 이야기는 '펭귄의 잘못된 계약'에서도 찾을 수가 있어요. 바다코끼리와 펭귄의 숫자가 계속 늘어나자 주인공 스파키는 사고를 우려해요. 하지만 헬싱키는 빙산의 크기가 충분하므로 사고는 예절과 질서를 가르치면 막을 수 있다고 주장해요. 그러고는 한스라는 상담가까지 데리고 와서 펭귄과 바다코끼리에게 감수성 훈련을 시켜요. 하지만 결과는 더욱 잠잠하기만 해요. 펭귄과 바다코끼리의 싸움은 더 심각해질 뿐이었지요. 이것은 눈에 보이는 빙산의 일각만을 보고 원인을 판단한 결과예요. 물론 질서와 예절 교육이 불필요한 것은 아니지만 그것이 근본적인 처방이 될 수는 없었던 거예요.

★ 빙산의 실체를 보는 눈을 키워라!

스파키는 눈에 보이지 않는 빙산의 커다란 덩어리처럼 눈에 보이지 않는 곳에 더 큰 이유가 있다고 생각했어요. 바로 빙산이 가라앉고 있다는 사실이었지요. 이러한 근본적인 구조를 바꾸지 않으면 결코 사고를 막을 수 없었던 거예요.

그것은 우리가 사는 현실의 문제에서도 마찬가지예요. 거리에서 구걸을 하는 거지의 사연를 들어 보면 너무나도 딱할 거예요. 그래서 거지가 자립할 수 있을 때까지 경제적으로 후원을 해 주면 어떻게 될까요? 다행히 그 사람은 직장도 구하고 어느 정도 가난을 탈피할 수도 있겠지요. 이처럼 가난한 사람을 돕는 것은 너무나도 중요한 일이에요.

　하지만 경제적 도움을 주거나 동정을 하는 것은 어쩌면 눈에 드러나는 빙산의 일각만을 보는 것일지도 몰라요. 동정과 도움이 나쁜 일은 아니지만 누군가를 도와서 가난을 벗어나더라도 또 다른 사람이 가난에 빠지게 되는 악순환은 계속될 거예요. 가난은 개인의 잘못이나 우연이 아닌 우리 사회의 잘못된 구조 때문에 생겼을지도 모르니까요. 눈에 보이지 않는 사회 구조를 바로잡지 않는다면 가난한 누군가가 생길 수밖에 없다는 거예요.

　우리는 빙산의 일각이 아닌 그 밑에 감춰진 빙산의 본모습인 구조를 보는 법을 배워야 해요. 그래야 커다란 문제가 발생했을 때 임시방편이 아니라 근본적인 해결법을 찾아낼 수 있답니다.

　빙산의 일각이 아니라 본모습을 보는 방법은 바로 펭귄 스파키에게서 배울 수 있어요. 사건을 곰곰이 따져 보고 깊이 생각해서 한 사건이 다른 사건과 어떤 연관이 있는지를 찾아내는 것이지요. 이런 생각법은 하루아침에 되는 것은 아니니까 여러분들도 늘 사물이나 사건을 주의 깊게 보고 곰곰이 생각해 보는 습관을 가져야 할 거예요.

　사물의 본모습을 볼 줄 안다면 커다란 문제가 생길 일을 하지 않거나 미리 예측해서 막을 수도 있어요. 또 설혹 커다란 사건이 일어나더라도 근본적인 해결책을 생각해 낼 수도 있답니다.

이 책을 쓴 **데이비드 허친스**는 학습과 변화의 중요성을 강조한 시리즈를 썼어요. 이 시리즈는 재미있는 삽화와 은유적인 이야기를 통해 내용을 쉽고 명쾌하게 설명해 주어 전 세계 여러 언어로 번역되기도 했어요. 쓴 책으로는 《레밍 딜레마》, 《늑대 뛰어넘기》, 《네안데르탈인의 그림자》, 《펭귄의 계약》, 《화산의 소리를 들어라》 등이 있어요.

이 책을 그린 **바비 곰버트**는 정치를 풍자한 만화로 여러 차례 상을 받은 전문 일러스트레이터예요. 귀엽고 유머 넘치는 삽화로 이 책의 내용을 더욱 재미있게 빛내 주었어요.

이 책에 해설을 쓴 **박영욱 선생님**은 고려대학교 대학원에서 철학 박사 학위를 받고, 고려대학교에서 철학을 가르치고 있어요. 이 책에 해설을 담아 동화의 철학적인 의미를 쉽게 풀어 주고 있어요. 쓴 책으로는 《철학으로 매트릭스 읽기》, 《체 게바라》 등이 있어요.

이 책을 옮긴 **박선희 선생님**은 덕성여자대학교 사학과를 졸업하고 서강대학교에서 서양사학 석사학위를 받았어요. 지금은 번역가와 출판기획자로 활동하고 있어요.

펭귄의 잘못된 계약

초판 1쇄 발행 2008년 2월 18일

초판 2쇄 발행 2013년 4월 30일

지은이 데이비드 허친스

그린이 바비 곰버트

해설 박영욱

옮긴이 박선희

책임편집 한해숙

디자인 최선영·전지은

펴낸곳 바다출판사

펴낸이 김인호

주소 서울시 마포구 서교동 403-21 서홍빌딩 4층

전화 322-3885(편집부), 322-3575(마케팅부)

팩스 322-3858

E-mail | badabooks@dreamwiz.com

출판등록일 1996년 5월 8일

등록번호 제10-1288호

ISBN 978-89-5561-401-5 73100

ISBN 978-89-5561-397-1 73100(세트)

*이 책은 《펭귄의 계약(The Tip of the Iceberg)》을 어린이용으로 새롭게 편집한 것입니다.